AF268214

INVENTAIRE
Ye 16,625

INRI

Y+

COMPLAINTE

Sur la Paſſion de N.-Seigneur Jésus-Chriſt.
Sur l'Air de Tityre & Tymandre.

CHRÉTIENS, verſons des larmes,
Voyant deſſus la Croix
Le Sauveur de nos ames
Dans les derniers abois ;
Pour nous il ſert de victime
Sur le bois attaché,
C'eſt pour purger nos crimes ,
Nos énormes péchés.
    Jésus & trois Apôtres ,
Entrant dans le Jardin ,
Son Père pour nous autres
Pria d'amour divin ,
Lorſque Judas le traître
D'avarice pouſſé ,
Aux Juifs livra ſon Maître,
Lui donnant un baiſer.
    Cette race inhumaine
A chargé par abus,
De cordes , auſſi de chaînes
Notre aimable Jéſus ;
Chez Anne ils cheminent
D'un courage inhumain ,
Et couronnent d'épines
Son Viſage divin.
    Chez Caïphe en grande hâte,
Jésus-Chriſt fut mené ,

Puis d'Hérode à Pilate ,
Où il fut condamné :
Mis à une colonne ,
Son Corps fut dépouillé ;
Des coups qui l'environnent ,
Jéſus fut flagellé.

Pilate , ſans doutance ,
Avoit un grand remords ;
Voyant ſon innocence ,
De le juger à mort ;
Aux Juifs il dit ſans faute :
Qu'on le laiſſe aller ;
Il crient tous à voix haute :
Qu'il ſoit crucifié.

En voyant leur malice ,
Pilate tout ſoudain
Le condamne au ſupplice ,
Puis ſe lave les mains ;
Cette race méchante
A chargé par abus ,
D'une Croix fort peſante
Cet aimable Jéſus.

Etant ſur la montagne ,
Jéſus fut mis tout nu ;
Sur la Croix ſans épargne
Son Corps fut étendu ,
Pieds & mains attachés
Avec de gros clous ;
Sa Mère tomba pâmée
Voyant frapper les coups.

Quelle douleur amère ,

De voir un Dieu si bon
Mis dessus le Calvaire,
Au milieu de deux larrons !
Baissant les yeux à terre,
A Saint Jean il a dit :
Enfant, voilà ta Mere ;
Mere, voilà ton Fils.

　　Pour nous il prie son Pere,
Pour tous les Juifs cruels ;
On lui donne à boire
Du vinaigre & du fiel ;
Puis du fer d'une lance
Son côté fut percé ;
Le Soleil d'assurance
Parut tout éclipsé.　　**FIN.**

AUTRE COMPLAINTE

*Sur les peines et les souffrances des Ames
du Purgatoire.*

Sur l'air : *le destin m'est contraire.*

ECoutez nos Complaintes
　Et nos gémissements,
Et sensibles à nos plaintes,
Tirez-nous des tourments ;
Nous étions comme vous,
Ayant nos corps,
Vous serez comme nous
Parmi les morts.

　　Ah ! vous voyez nos peines,
Hélas ! secourez-nous,
Nous sommes dans les chaînes,
Nous recourons à vous ;

Nos amis , nos parens ,
Nos chers enfans ,
Nous fouffrons grandement
Dans ces tourmens.

Faites dire des Meffes
De nos biens délaissés ,
Songez dans vos richesses
Aux pauvres trépassés ;
Nous recourons à vous ,
Secourez-nous ,
Nous fouffrons grandement
Dans ces tourmens.

Offrez des facrifices
Pour nous tirer d'ici ,
Récitez des Offices
Et des Prières aussi :
Quelques *De profundis*
Dits de bon cœur ,
Nous mettent en paradis ,
Ah ! quel bonheur.

D'une ardeur furprenante
Nous fommes enflammés ,
Mais d'une main puifsante
Nous fommes repoufés ,
Et ce retardement
Nous fait fouffrir
Par fon éloignement :
Grand déplaifir !

O notre aimable Mère ,
Vierge , fecourez-nous ,
Voyez notre mifère ,

Ayez pitié de nous ;
Nous sommes vos enfans ,
Reine des Cieux ,
Sur nos gémiſemens
Ouvrez les yeux.

Les peines qu'on endure
Avant que de mourir ,
Ne font qu'une peinture
De ce qu'il faut ſouffrir
Dans ce terrible lieu ,
Où loin de Dieu ,
Nous ſommes attachés
Pour nos péchés.

Un Meſſager fidèle ,
Notre Ange Conducteur ,
Nous porte la nouvelle
De la part du Sauveur ,
Diſant : mon cher amour ,
Sortez des feux ,
Venez dans le ſéjour
Des bienheureux.

Priez pour père & mère ,
Enfans , vous le devez ,
Puisque dessus la terre
Ils vous ont tant aimés :
De leurs biens délaissés
Vous jouissez ,
Donnez-leur promptement
Soulagement.

Quoi feroit-il poſſible ,
Que vous ayant nourris ,

Vous soyez infensible
Aux maux qu'on fouffre ici ?
Hélas ! fecourez-nous,
Vous le pouvez,
Enfants, fouvenez-vous
Des trépaffés.

Voyez dans cette flamme
Votre chère moitié,
Mari, c'eft votre femme,
Ayez — en donc pitié.
Vous, femme, par retour
Priez auffi
Le Seigneur nuit & jour
Pour un mari.

Confidérez cette âme
Au milieu de ces feux,
Comme elle fe réclame
Au féjour bienheureux :
Son cœur rempli d'amour
Pour fon Sauveur,
Défire nuit & jour
Ce vrai bonheur.

Si pendant cette vie
Vous priez Dieu pour nous,
Dans l'heureufe patrie
Nous prierons pour vous,
Afin que dans les Cieux
Notre Sauveur
Vous rende glorieux :
Ah ! quel bonheur.

Evitez le menfonge

Et les péchés légers,
Car c'eſt ce qui nous plonge
Dans ces cruels dangers ;
Vivez chrétiennement,
Et vous ſerez
Dans le beau firmament
Un jour placés.　　　FIN.

LE SACRIFICE D'ABRAHAM.

Sur l'air : *Que peut-on vous chanter de plus*
doux que l'amour ? &c.

DIEU.

ABraham élève-toi, prends ton fils
　　bien-aimé,
Et de ta propre main viens m'en faire
　　une offrande,
Crois ce que j'ai promis, fais ce que je
　　commande :
　　Je veux qu'Iſaac ſoit conſumé ;
　　Plus ta main paroîtra cruélle,
Plus ton cœur envers moi ſera fidèle.
　　　　　Abraham.
　Quoique je ſente en moi des mou-
　　vements pervers,
Je m'en vais vous l'offrir, & je veux
　　croire encore
Que ſa poſtérité du couchant à l'aurore,
　　Peuplera le vaſte univers :
　　Lorſqu'Iſaac ſera ſur la flamme,
J'eſpérerai toujours au fond de l'ame

Dieu.

Ton espoir n'est pas vain, ni ta fidélité
Espère jusqu'au bout avec grand'alégresse
Sois ferme dans ta foi, je tiendrai ma pro-
    messe :
      Je suis le Dieu de vérité ;
Va-t-en donc d'un cœur magnanime,
    Va faire de ton fils une victime.

Abraham.

    Cher Isaac, sors du lit, & dès le grand
      matin,
Allons-nous-en tous deux offrir un sacri-
    fice,
Partons sans différer, il faut que j'obéisse
    Aux ordres d'un Dieu souverain ;
Nous devons tous deux nous soumettre
A ce que veut de nous l'unique maître.

Isaac.

    Je le veux de bon cœur, préparons ce
      qu'il faut,
L'âne & nos serviteurs porteront le ba-
    gage :
Allons, cher père, allons rendre hum-
    blement hommage
    A la majesté du Très-Haut;
    Commandez ce qu'il faudra faire,
Je ne désire en tout que de vous plaire.

Abraham.

    Prends ce bois sur ton dos, j'ai le
      glaive & le feu,
Laissons notre âne ici brouter l'herbe
    en campagne,

Nos deux jeunes valets au bas de la mon-
tagne,
Pourront attendre tant soit peu;
Cependant avec modestie,
Allons à ce sommet offrir l'hostie.

Isaac.

Mais comment ferons - nous; je vois
là le couteau,
Je vois le feu, le bois, où sera la victime?
Je sens brûler mon cœur d'un amour
très-intime,
Où trouverons - nous un agneau?
Dans quel lieu pourrons-nous le prendre?
Vous me feriez plaisir de me l'apprendre.

Abraham.

Obéis, cher Isaac, pour remplir ton
devoir,
Nous n'avons point d'agneau, mais
ayons espérance,
Et croyons fermement contre toute ap-
parence,
Que Dieu prendra soin d'y pourvoir;
Adorons sa haute sagesse,
Immolons-lui nos cœurs avec tendresse,

Isaac.

Mon père, qu'ai-je fait? quel crime
ai-je commis?
Vous me liez les bras, que prétendez-
vous faire?
Voulez - vous m'égorger? répondez,
mon bon père;

Eh quoi ! le meurtre eſt-il permis ?
Arrêtez votre zèle extrême ,
En moi vous vous ſacrifiez vous-même.

Abraham.

O le cœur de mon cœur ! pourrai-je
te parler ?
Le meurtre eſt défendu , cependant
Dieu commande
Que je te mette à mort , que tu ſois
mon offrande ;
Je t'ai conduit pour t'immoler ,
Ah ! cher fils , mon âme eſt tremblante ,
Je meurs en prévoyant ta mort ſanglante.

Iſaac.

Hé bien , honorez Dieu par mon
ſanglant trépas ,
Ceſſez d'être attendri, ſoyez impitoyable ;
Puiſque ma mort lui plaît , elle m'eſt
agréable ,
Donnez le coup , je ne crains pas ;
Signalons notre obéiſſance ,
Je veux ce que Dieu veut ſans répugnance.

Abraham.

Bras trop dur , cruel bras , laiſſe-
moi ſoupirer ,
Et ne ſois pas ſi prompt à tremper cette
lame
Dans le ſang de mon ſang , dans l'âme
de mon âme ,
Donne-moi le temps de reſpirer ,
Je n'ai plus ni cœur ni parole ,

Faut-il, cher fils, hélas! que je t'immole ?
Isaac.
N'épargnez pas mon corps, le Ciel vous
le défend ;
Roidissez votre bras, faites ce qu'il faut
faire,
La gloire du Très-Haut vous doit être
plus chère,
Que votre unique & cher enfant :
Détruisez en moi votre ouvrage,
Vous appuyant sur Dieu, prenez courage.
Abraham.
C'en est fait, cher Isaac, tu mourras
en ce lieu,
Je ne recule point, non, non, j'en suis
bien aise ;
Mais avant de mourir il faut que je te
baise,
Te disant le dernier adieu :
Ça mon bras, ça, fais ton office,
Il est temps d'achever mon sacrifice.
L'Ange.
Abraham, c'est assez, mets à bas ce cou-
teau,
Dieu ne veut point la mort d'Isaac ton
fils unique,
Il ne veut que ton cœur ; obéis sans
réplique :
Remets le glaive en son fourreau,
J'ai connu combien ton cœur aime
Le trois fois tout-puissant, l'Être suprême.

Abraham.

Meſſager de mon Dieu, ne me dé-
tournes pas,
Je n'ai point dans mon cœur une foi
chancelante,
Bien que ma foible main ſoit malgré
moi tremblante,
Je veux de mon fils le trépas ;
Permets donc que ſur cette cime,
Je ſois en l'immolant prêtre & victime.

L'Ange.

L'Eternel a reçu pour l'effet ton vouloir,
Il veut que ce bélier tienne d'Iſaac la
place,
Sa ſuprême bonté t'accorde cette grace,
Pour récompenſer ton eſpoir,
Laiſse-là ton cher fils en vie,
Offre cet animal pour ton hoſtie.

Abraham.

Béni ſoit le Seigneur, nous avons ſa-
tisfait,
Offrons-lui, cher Isaac, & nos corps &
nos ames,
Conſumons-nous tous deux dans ſes
divines flammes,
Pour reconnoître un tel bienfait ;
Unissons nos humbles louanges,
A celles qu'il reçoit de tous les Anges.

Aux Parens.

Si le Ciel te ravit ton enfant le plus cher,
Donne-le de bon cœur en ſuivant ce
modèle

Du Père des croyans, de cet homme fi-
    dèle,
    Qui foule le fang & la chair:
    De ton Fils Dieu tiendra la place,
Si tu fouffres fa mort de bonne grace.
    Prends bien garde fur-tout que par la
    vanité
Et par l'ambition d'un honneur périf-
    fable,
Tu n'immoles tes fils & tes filles au
    diable,
    Pour brûler dans l'éternité.
    Abraham par cette victoire,
T'apprend à les offrir au Roi de gloire.

Aux Enfans.

    Notre Ifaac fe foumet, & tu tranches
    du Roi,
Enfant dénaturé, qui, pour te fatisfaire,
Défobéis en tout à ton Père, à ta Mère,
    Et qui partout leur fais la loi;
    Ton grand orgueil fi tu ne changes,
Attirera fur toi des maux étranges.
    Tâche donc déformais de leur être
    foumis,
Aime-les felon Dieu, prête-leur affif-
    tance;
Fais-leur voir ton refpect par ton obéif-
    fance
    En tout ce qui fera permis:
    Tu verras Ifaac dans fa gloire,
Si tu fais profiter de fon hiftoire.

F I N.

CANTIQUE DE SUSANNE.

Sur l'air : *Amarillis, vous êtes blanche &*
blonde , &c.

L'un des Vieillards.

C'Eſt trop cacher mon amoureuſe
    flamme ,
C'eſt trop cacher de mon mal la rigueur ,
Je veux t'ouvrir le ſecret de mon âme,
Et déclarer le tourment de mon cœur :
Suſanne m'a bleſſé, j'ai honte de le dire,
Ses attraits raviſſants font mon martyre.

L'autre.

J'en ſuis épris auſſi bien que toi-même,
Tant de beauté excite mes ſoupirs ;
Puiſque ton cœur chérit celle que j'aime,
Efforçons - nous d'apaiſer nos déſirs ;
Entrons dans ſon jardin , allons tous
    deux l'attendre ,
Nous nous tiendrons cachés pour la
    ſurprendre.

Suſanne à ſes ſuivantes.

Sortez d'ici , mes fidèles ſuivantes ,
Allez chercher de l'huile & du ſavon ;
Fermez la porte , & ſoyez diligentes ,
Je vous attends deſſous ce pavillon ;
Je veux me laver ſeule ici dans cette
    eau pure ,
Et modérer la chaleur que j'endure.

Les deux Vieillards.

Nous voici ſeuls, Suſanne bien-aimée,

Nous voici seuls en toute liberté,
Rassure-toi, chaque porte est fermée,
Soumets ton cœur à notre volonté;
Si tu ne veux sans cris bientôt nous
     satisfaire,
Nous allons t'accuser comme adultère.
Susanne.

O justes Cieux! à quoi suis-je réduite!
De toute part je ne vois que danger,
Je ne puis plus me sauver par la fuite,
Ces deux vautours ont fermé le verger;
Je n'ai que mes sanglots & mes pleurs
     pour remede :
Je veux pourtant crier à l'aide, à l'aide!
Les Vieillards.

Tous tes sanglots & toutes tes alarmes
Ne te sauroient délivrer de nos mains,
Retiens tes cris, ne verse plus de larmes,
Nous prétendons accomplir nos desseins;
A quoi bon t'opposer? pese notre puissance,
Et préfere à la mort l'obéissance.
Susanne.

Si je m'oppose à vos désirs infâmes,
Je le vois bien, vous tramerez ma mort;
Si j'y consens, je mérite les flammes
Qui des damnés sont le funeste sort;
Mais malgré vos fureurs, je veux vivre
     sans crime
Et mourir chaste étant votre victime.
Les Vieillards.

Ah! serviteurs, venez tous, courez vîte,

Votre maîtresse a souillé ce jardin,
Garrottez bien cette femme hypocrite,
Elle a trompé son époux Joachim,
Nous tenions son galant, en demandant
   main-forte,
Mais il s'est échappé par cette porte.

Les Serviteurs.

Qui eût pensé qu'elle eût commis ce
   crime ?
Nous confessons à vos pieds qu'elle a tort,
Nous en avons une si haute estime,
Et cependant elle est digne de mort ;
Mais de grace, Messieurs, donnez une
   sentence,
Qui signale aujourd'hui votre clémence.

Les Vieillards.

Que sans délai cette femme infidèle
Soit lapidée à cinq cents pas d'ici.
Faites-la donc paroître en criminelle,
Et que pas un ne lui serve d'appui,
Montrez-la tous au doigt, l'adultère
   publique,
Et ne l'appelez plus qu'une impudique.

Ses Parens.

Hélas! hélas! qu'avez-vous fait Susanne?
Vous diffamez toute notre maison,
L'autorité des juges vous condamne,
Chacun nous dit qu'ils ont juste raison :
Quelle honte pour vous qu'on vous traîne
   au supplice,
Au milieu des Archers de la justice !

Susanne.

Dieu de mon cœur, qui voyez toute
    chose,
Et de qui seul j'attends tout mon appui,
Si j'ai commis le crime qu'on m'impose,
Me voici prête à mourir aujourd'hui;
Mais vous savez, grand Dieu, quelle est
    mon innocence,
Et que je ne perds point votre présence.

Daniel.

Grands & petits, oyez ma voix tonnante:
En quel péché vous précipitez-vous?
Vous condamnez une femme innocente,
Au seul rapport de ces avides loups;
Allons les séparer pour voir dans un
    quart d'heure,
La fourbe, & empêcher qu'elle ne meure.
    Les plus sages du peuple à Daniel.

Mon cher enfant, nonobstant ton bas
    âge,
Nous te croyons plus que des hommes
    faits;
Fais donc voir & le faux témoignage
De ces vieillards & leurs honteux forfaits,
Confonds ces imposteurs & délivre Su-
    sanne,
Que l'on tenoit pour courtisanne.
    Daniel à l'un des Vieillards.

Tison d'enfer, engeance de vipère,
Sale imposteur, dis-nous en quel endroit,
Cette innocente a commis l'adultère;

Déclare-nous fous quel arbre elle étoit ?
Réponds fans chanceler , abominable
    juge ?
Tu n'as plus que la mort pour ton partage.
Le Vieillard.

Elle a commis ce déteftable crime
Au côté droit fous un grand cerifier ;
Si je vous ments que le démon m'abîme,
Au plus profond de l'éternel brafier ;
Je fuis digne de foi , croyez ce que
    j'avance ,
Mes propres yeux ont vu fon impudence.
Daniel.

Ah ! faux Vieillard , exécrable parjure !
Tes faletés ne te fuffifent pas ,
Tu joins encore le menfonge à l'ordure ,
Et veux noircir ton cœur jufqu'au trépas !
Miniftre de Satan , tes noires calomnies
Et tes impuretés feront punies.
Le même à l'autre Vieillard.

Toi brutal , tout rempli de malice ,
Juge pervers , infâme fuborneur ,
En quel endroit Sufanne & fon complice,
Et fous quel arbre ont ils perdu l'honneur
Tu ne fais , malheureux , tu ne fais que
    répondre ,
Lorfque tu me vois prêt à te confondre.
Le Vieillard.

Un prunier vert tout contre une cabane,
Au côté gauche eft ce terrible lieu ,
Où j'ai furpris le complice & Sufanne,

114

Lorsqu'en plein jour tous deux offen-
    soient Dieu ;
Je jure avec serment, comme juge équi-
    table ,
Que ce que je vous dis est véritable.
          Daniel.

Tu mens, cruel, tu mens, juge perfide,
Chacun connoît ton infidélité ,
Va , méchant juge , il faut qu'on te
    lapide ,
Pour bien punir ton impudicité :
Chers enfants d'Israël , assommez ces
    infâmes ,
Susanne est le miroir des chastes dames.
        Tout le peuple.

Louange , honneur, vertu, salut & gloire
Soient au Seigneur en terre & dans le Ciel ;
Que de Susanne on chante la victoire ,
Et le rapport du jeune Daniel :
Réjouissons-nous tous avec notre Ama-
    zone ,
Et cherchons des lauriers pour sa cou-
    ronne.   *Réflexion.*

Instruisons-nous par cette illustre femme
A respecter Dieu présent dans nos cœurs,
A résister à ce qui souille l'âme ,
A tout souffrir de nos persécuteurs ;
Mais apprenons sur-tout au fort de nos
    souffrances ,
A fonder en Dieu seul nos espérances.